www.ingramcontent.com/pod-product-compliance
Lightning Source LLC
Chambersburg PA
CBHW062358220526
45472CB00008B/1850
9781719553087